Ein zweisprachiges Buch in
Deutsch und Englisch

Christine Jüngling

Das Geheimnis der Schatzkarte

THE MYSTERY OF THE TREASURE MAP

Eine Geschichte in Deutsch und Englisch

Illustrationen von Ansgar Lorenz

albarello

Julian kommt von der Schule nach Hause. „Hallo, ich bin da!“, ruft er. „Prima, dann können wir ja gleich losfahren“, sagt seine Mutter. Julian und seine Schwester Leonie dürfen das Wochenende bei ihren Großeltern verbringen. Die Kinder freuen sich darauf. Oma und Opa wohnen in einem alten Haus am Waldrand. Dort gibt es immer eine Menge Dinge zu entdecken. Und den Geschwistern wird es nie langweilig.

Julian comes home from school.
"Hello, I'm home," he shouts.
"Great, then we can leave
right away," says his mother.
Julian and his sister Leonie
will spend the weekend
with their grandparents.
The children are looking forward to it.
Grandma and grandpa live in an old house
at the edge of the woods. There are always
lots of things to discover.
And the children never get
bored.

Nach einer Stunde Autofahrt
kommen sie an und werden von den
Großeltern herzlich begrüßt.
Zuerst gibt es ein leckeres Mittagessen
für alle.

They arrive after an hour in the car,
and are warmly welcomed
by their grandparents.
First there is a delicious lunch for everyone.

Die Oma ist eine gute Köchin.
Danach verabschieden sich die Eltern.
Leonie und Julian beschließen,
in dem riesigen Garten zu spielen.

Grandma is a good cook.
Then the parents say good bye.

Leonie and Julian decide
to play in the huge garden.

Es gibt eine große Wiese
und viele hohe Bäume,
auf die man gut klettern kann.
Als die Kinder eine Weile
herumgetobt haben,
sagt Julian:
„Komm, lass uns mal
ins Gartenhäuschen gehen."
Leonie ist einverstanden.

There is a large meadow
and many tall trees which are good
for climbing.
After running around together for a while,
Julian says,
“Let's go into the shed.”
Leonie agrees.

Im Gartenhäuschen herrscht ein großes Durcheinander.
„Opa könnte hier auch mal wieder aufräumen.“ Leonie lacht. „Hier sieht es ja schlimmer aus als in deinem Zimmer.“
„Hahaha“, sagt Julian.
Bald sind die Kinder damit beschäftigt, zwischen allerlei Gerümpel herumzustöbern.
Sie sind sicher, dort etwas Brauchbares zu finden.
Plötzlich sagt Leonie aufgeregt:
„Schau mal, Julian, hier ist ein Griff im Boden!“

There is a big mess in the little shed.
"Grandpa could do with tidying up here again." laughs Leonie. "This looks worse than your room."
"Hahaha," says Julian.
Soon the children are searching through all the junk.
They are sure they will find something useful.
Suddenly, Leonie says, full of excitement,
"Look, Julian, there is a handle on the floor!"

An einer Diele
ist ein Eisenknauf befestigt.
„Komisch“, sagt Julian und zieht daran.
Der Boden öffnet sich einen Spaltbreit.
Gemeinsam schaffen es die Kinder,
die Klappe ganz zu öffnen.
Neugierig schauen sie in die schmale
Öffnung. Jemand hat ein paar alte
Zeitungen dort hineingestopft.
Erst sind die Geschwister enttäuscht.
Aber als Julian ein wenig in dem Stapel
wühlt, entdeckt er noch etwas anderes.
Es ist ein festes Stück Papier mit einer
Zeichnung darauf.
„Cool!“, ruft Leonie. „Das ist eine
Schatzkarte.“
Tatsächlich erkennen sie einen Plan.
An einer Stelle ist ein
rotes Kreuz eingezeichnet.

An iron knob is fastened to one of the floor boards.
"Strange," says Julian as he pulls on it.
The floor opens a little. Together, the children manage to open the trap door. Full of curiosity they look into the narrow opening. Somebody had stuffed some old newspapers in there.
At first the children are disappointed.

But when Julian rummages through the pile, he discovers something else as well.
It is a sturdy piece of paper with a drawing.
"Cool," shouts Leonie. "It's a treasure map."
Indeed they recognize a map. One spot is marked with a red cross.

„Dort muss der Schatz liegen“, sagt Julian und schaut sich um. „Dahinten sehe ich einen Spaten. Lass uns gleich losgehen und den Schatz suchen!“
Die beiden sehen sich die Schatzkarte erst einmal genauer an.
„Der Schatz muss im Wald vergraben sein“, sagt Leonie. Sie fährt mit dem Finger eine schwarze Linie entlang.
„Ja, der Weg führt in diese Richtung.“ Julian deutet auf den Waldrand.
„Lass uns gehen und morgen den Schatz suchen“, sagt Leonie zu ihrem Bruder.
Auch Julian sieht ein, dass es für eine Schatzsuche schon etwas zu spät ist.
Die Schatzkarte legen die Kinder wieder in ihr Versteck zurück.
Dann gehen sie zum Haus zurück.

“That's where the treasure must be buried,” says Julian and looks around. “I see a spade back there. Let's go and look for the treasure right now.”

Now they look at the treasure map more carefully.

“The treasure must be buried in the woods,” says Leonie. She runs her finger along a black line. “Yes, the path leads in this direction.”

Julian points to the edge of the woods.

“Let's go and search for the treasure tomorrow instead,” says Leonie to her brother.

Julian, too, understands that it is too late to go looking for treasure. The children put the treasure map back into its hiding place.

Then they go back to the house.

Am Abend können Leonie und Julian lange nicht einschlafen.
Immer wieder denken sie an die geheimnisvolle Karte in der Gartenhütte.
„Ich bin so aufgeregt, Julian. Ich hoffe, diese Nacht wird bald vorüber sein!“, sagt Leonie.
Ihrem Bruder geht es nicht anders.
„Was das wohl für ein Schatz ist“, überlegt er. „Wir müssen ihn morgen finden.“

In the evening, Leonie and Julian find it hard to sleep.
They keep thinking about the mysterious map in the shed.
"I am so excited, Julian. I hope this night will be over soon!" says Leonie.
Her brother feels the same way.
"What kind of treasure could it be," he wonders. "We must find it tomorrow."

Ganz früh am nächsten Morgen
werden Leonie und Julian wach.
Schnell ziehen sie sich an
und gehen in die Küche.

Leonie and Julian wake up very early the next morning.
They get dressed quickly
and go to the kitchen.

Die Oma kocht gerade Kaffee.
„Warum seid ihr beiden denn so früh auf?“, fragt sie überrascht. „Ihr seid doch sonst solche Langschläfer.“

Grandma is making coffee.
“Why are you two up so early?” she asks, surprised. “You are always such late risers.”

Beim Frühstück bekommen die Kinder kaum einen Bissen herunter.
„Dürfen wir draußen spielen?“, fragt Julian. Er hält es nun wirklich nicht länger aus.
„Ja, aber geht nicht so weit weg“, sagt die Oma.
„Ja, ja“, antworten Leonie und Julian gleichzeitig. Sie sind schon aufgesprungen und stürmen in den Garten.

The children can hardly eat their breakfast.
"Can we play outside?" asks Julian. He can't stand it any longer.
"Yes, but don't go too far away," says Grandma.
"Of course," respond Leonie and Julian together. They have already jumped up and run into the garden.

Im Gartenhäuschen holen sie die Schatzkarte aus ihrem Versteck. Sie schnappen sich den Spaten und laufen in den Wald hinein.
Nach einer Weile sagt Leonie: „Ich glaube, wir müssen hier irgendwo vom Weg abbiegen.“
Die Kinder schauen auf den Plan.
„Ja“, sagt Julian. „Das Kreuz ist mitten im Wald eingezeichnet.“

In the shed they get the treasure map out of its hiding place.
They grab the spade and run into the forest.
After a while Leonie says,
“I think we will have to turn off the path here somewhere.”
The children look at the map.
“Yes”, says Julian, “the mark of the cross is in the middle of the forest.”

Kurz darauf befinden sie sich im dichten Unterholz und kommen nur noch langsam voran.
Plötzlich hören die Kinder ein Knacken und ein Rascheln.
Leonie schreit auf.
Auch Julian ist erschrocken.
Aber dann sehen sie ein Kaninchen, das vor ihnen wegläuft. Sie sind erleichtert.

Soon they are in the dense undergrowth, and making slow progress.
Suddenly the children hear a snap and a crackling noise.
Leonie screams.
Julian is scared as well.
But then they see a rabbit running away from them. They are relieved.

Vorsichtig gehen die Geschwister weiter. Es ist unheimlich im Wald. Immer wieder hören sie merkwürdige Geräusche. Einmal dreht sich Leonie ängstlich um, weil sie denkt, jemand folgt ihnen. Aber sie kann niemanden sehen.

„Bestimmt ist der Schatz unter einem Baum vergraben“, sagt Julian. Sie schauen auf die Schatzkarte. „Das hier sind bestimmt Bäume.“ Julian deutet auf den Plan. „Es kann nicht mehr weit sein.“

Leonie spürt, wie ihr Herz wild klopft. Sie kann es gar nicht abwarten, den Schatz zu finden.

Auf einmal stehen sie vor drei mächtigen Eichen.

„Hier muss es sein!“, sagt Julian.

The children move on carefully. The woods are eerie. They keep hearing strange noises. Once Leonie turns around, afraid somebody is following them. But they can't see anyone.
“The treasure must be buried under a tree,” says Julian. They study the map. “I'm sure these are trees.” Julian points to the map. “It can't be much further.”
Leonie feels her heart beat wildly. She can't wait to find the treasure.
Suddenly they are standing in front of three giant oak trees.
“This must be it!” says Julian.

Leonie nickt.
Julian beginnt, an dem dicken Stamm unter dem größten der Bäume zu graben. Dort ist das Kreuz auf der Karte eingezeichnet. Gespannt starrt Leonie in das Loch in der Erde, das immer tiefer wird. Aber von einem Schatz gibt es noch keine Spur.
„Hoffentlich ist das auch die richtige Stelle“, sagt Julian enttäuscht.
„Hm“, sagt Leonie und betrachtet sich die Zeichnung noch einmal ganz genau. „Ich hab's!“, ruft sie plötzlich. „Das ist gar kein richtiges Kreuz, sondern ein Pfeil. Und er zeigt nach oben.“
Die Kinder schauen an dem dicken Baumstamm empor.
Ein Stück über dem Boden sieht man eine dunkle Stelle im Stamm.

Leonie nods.

Julian starts to dig near the large trunk of the biggest tree. That is where the cross is shown on the map. Expectantly Leonie stares into the hole in the ground, which keeps getting deeper. But there is no sign of any treasure. Disappointed, Julian says, “I hope this is the right spot.”

“Wait,” Leonie says, and studies the map carefully one more time. “I've got it!” She shouts suddenly. “It's not a real cross, it's an arrow. And it points up.”

The children look up the large tree trunk. A little way above the ground they see a dark spot on the trunk.

„Schau mal nach, was das ist!“, sagt Julian zu seiner Schwester. „Ich mache dir eine Räuberleiter.“
Geschickt klettert Leonie über Julians Hände auf einen Ast der Eiche. Von dort kann sie die Stelle leicht erreichen. Leonie klopft mit dem Finger dagegen. Es hört sich hohl an.
„Da ist nur ein Stück Holz davor“, sagt sie aufgeregt. „Dahinter ist ein Loch.“
Schon hat sie das Holzstück herausgenommen und greift in die Öffnung im Baumstamm.
„Was ist da drin?“ Julian hält es vor Spannung kaum noch aus.

“Go and see what it is!” Julian says to his sister. “You can use my hands as a ladder. ”Leonie steps with ease on Julian's hands and climbs onto a branch of the oak tree. From there it's easy to reach the spot. Leonie knocks on it with her finger. It sounds hollow.

“It's only covered by a piece of wood”, she says excitedly. “There is a hole behind it.” She quickly removes the piece of wood and reaches into the opening of the tree trunk.

“What's inside?” Julian can hardly wait.

„Unser Schatz!“, ruft Leonie triumphierend und hält eine kleine Holzkiste in der Hand.

“Our treasure!” calls Leonie out triumphantly and holds a little wooden box in her hand.

Die Kiste lässt sich ganz leicht öffnen.
In ihrem Innern finden die Kinder viele Münzen und einige wunderschöne Schmuckstücke.
„Wahnsinn!“, sagt Julian. „Wir haben einen echten Schatz gefunden.“

The box is easy to open.
Inside, the children find many coins
and some beautiful pieces of jewelry.
"That's crazy!" Julian says, "We've found
some real treasure."

Leonie und Julian beschließen, ihren Großeltern von dem Schatz zu erzählen. Schließlich haben sie die Karte in ihrer Gartenhütte gefunden.
Stolz zeigen die Kinder die Holzkiste und berichten von ihren Erlebnissen im Wald.
„Wer wohl den Schatz dort im Baum versteckt hat?“, fragt Julian.

Leonie and Julian decide to tell their grandparents about the treasure. After all, they found the map in their shed. Proudly the children show them the wooden box and tell of their adventures in the woods. "Who could have hidden the treasure in the woods?" asks Julian.

Der Opa lächelt und zwinkert der Oma zu.
„Tja“, sagt er, „das wird wohl
ein Geheimnis bleiben. Aber ich finde es
wirklich großartig, dass meine zwei pfiffigen
Enkelkinder einen Schatz geborgen haben!“

Grandpa grins and winks at grandma. "Well," he says, "that's going to remain a secret. But I'm really pleased that my two clever grandchildren have found some treasure!"

Am Sonntagabend werden
die Geschwister von ihren Eltern abgeholt.
Leonie trägt eine wunderschöne Halskette
und Julian hat ein paar Münzen
in der Tasche.
Die beiden sind sich einig,
dass es wieder ein tolles Wochenende
bei Oma und Opa war.
Und wer weiß,
was sie das nächste Mal erleben?

On Sunday evening the parents
come to get their children.
Leonie is wearing a beautiful necklace
and Julian is carrying some coins in his pocket.
They both agree
that this had been another exciting weekend
with grandpa and grandma.
And who knows what adventures
await them the next time?

Vokabelliste

A

a	ein(e)
about	über, von
above	über
adventure	Abenteuer
afraid	ängstlich
after	nach, nachdem
after all	schließlich
again	noch einmal, wieder
(to) agree	zustimmen, einig sein, einverstanden sein
all	all(e), alles
already	schon
always	immer
an	ein(e)
and	und
anyone	jemand
are	sie sind, du bist (to be = sein)
are looking forward to it	sie freuen sich darauf
around	herum, umher
(to) arrive	ankommen
arrow	Pfeil
as well	außerdem, ebenso, auch
(to) ask	fragen
ask surprised	überrascht fragen
at	am, an, um, zu(r)
at first	zuerst
(to) await	erwarten

B

back	zurück, (wieder) zurück
back there	dahinten
(to) be	sein
be dissapointed	enttäuscht sein
beautiful	schön, wunderschön

behind	hinter
big	groß
black	schwarz
both	beide
branch	Ast, Zweig
breakfast	Frühstück
brother	Bruder
(to) bury	vergraben
but	aber

C

(to) call out	herausrufen
can	kann, können, darf
can't (can not) stand it any longer	hält es nicht mehr länger aus
careful(ly)	sorgfältig, genau, gründlich, vorsichtig
(to) carry	tragen, bei sich haben
children	Kinder
clever	pfiffig, raffiniert
(to) climb	klettern
coffee	Kaffee
coin	Münze
(to) come	kommen
come home	nach Hause kommen
(to) come to get	abholen, kommen um zu holen
(to) confirm	bestätigen
cook	Koch, Köchin
could	könntest (can = können)
(to) tidy up	aufräumen
(to) cover	bedecken
crackling noise	Rascheln, knisterndes Geräusch
crazy	verrückt
cross	Kreuz
curious	neugierig

D

dark	dunkel
(to) decide	beschließen, entscheiden
deep	tief
delicious	lecker, köstlich
dense	dicht
(to) dig	graben
direction	Richtung
(to) disappoint	enttäuschen
(to) discover	entdecken
(to) do	tun, machen
don't	nicht machen (Kurzform von: do not)
drawing	Zeichnung

E

early	früh
easy	leicht
(to) eat	essen
edge of the woods	Waldrand
eerie	unheimlich, schaurig
evening	Abend
everyone	alle, jeder
excited	aufgeregt
excitement	Aufregung
expectantly	gespannt, erwartungsvoll

F

far away	weit weg
(to) fasten to	befestigen an
(to) feel	fühlen
(to) find	finden
finger	Finger
first	erste(r, s)
floor	Boden
floor board	Diele
(to) follow	folgen

for	für, seit, auf, zum, um
from	von, vom, aus
full of curiosity	mit Neugierde, neugierig
full of excitement	ganz aufgeregt
further	weiter

G

garden	Garten
(to) get	erhalten, bekommen
get bored	gelangweilt sein
get dressed	sich anziehen
giant	mächtig, riesig
(to) go	gehen
good	gut(e, er, es)
(to) grab	an sich reißen, sich schnappen
grandma	Oma
grandpa	Opa
grandparents	Großeltern
great	großartig(e, er, es)
(to) grin	(verschmitzt) lächeln, grinsen

H

hands	Hände (hand = Hand)
handle	Griff
hard	schwer, schwierig
hardly	kaum, fast nicht
he	er
(to) hear	hören
heart	Herz
hello	Hallo
her	ihr(e)
here	hier
(to) hide	sich verstecken
hiding place	Versteck
his	sein(e)
(to) hold	halten
hole	Loch

hollow	hohl
home	Zuhause
(to) hope	hoffen
hour	Stunde
house	Haus
huge	riesig

I

I	ich
I'm	ich bin (Kurzform von: I am)
I'm (I am) really pleased	Mir gefällt es wirklich, ich finde es großartig
I've (I have) got it!	Ich hab's!
in	in
in front of	vor
in the evening	abends
in the middle	in der Mitte
indeed	tatsächlich
inside	drin(nen), innen, im Inneren
into	in (hinein)
iron knob	Eisenknauf
is	er, sie, es ist (to be = sein)
it	er, sie, es
it's (it is)	es ist
its	sein, seine

J

(to) jump up	aufspringen
junk	Gerümpel, Trödel, Kram

K

(to) keep	halten
(to) keep thinking	immer wieder (weiter) denken
kind	Art
kitchen	Küche
(to) knock	klopfen

L

ladder	Leiter
large	dick, groß
late	spät
late risers	Langschläfer
(to) laugh	lachen
(to) lead	führen
(to) leave	weggehen, losfahren
let's (let us) go!	Lass uns gehen!
line	Linie
little	klein(e, er, es), geringfügig, ein bisschen
(to) live	leben
(to) look	schauen, sehen, aussehen
(to) look for	suchen, sich umsehen nach
(to) look forward to	sich freuen auf
(to) look around	umsehen, umschauen
lots	viel
lots of things	eine Menge Dinge
lunch	Mittagessen

M

(to) make	machen
make slow progress	langsam vorankommen
(to) manage	es schaffen
many	viel(e)
map	Karte
mark	Zeichen, Markierung
marked	eingezeichnet, markiert
meadow	Wiese
mess	Durcheinander, Unordnung
more careful(ly)	sorgfältiger, genauer
morning	Morgen
mother	Mutter
(to) move on	weiter gehen
must	muss, müssen, darf, darfst
must be buried	muss vergraben sein

mysterious	geheimnisvoll
mystery	Geheimnis

N

narrow	schmal
necklace	Halskette
never	nie
newspaper	Zeitung
next morning	am nächsten Morgen
next time	nächstes Mal
(to) nod	nicken
noise	Geräusch, Lärm
not	nicht
now	jetzt

O

oak-tree	Eiche
of course	natürlich
old	alt
on	auf, am
once	einmal
one	ein, eine
one more time	noch einmal
only	nur
onto	auf, herauf
(to) open	öffnen
open	offen
opening	Öffnung
out	aus
outside	draußen
over	vorbei, über

P

paper	Papier
parents	Eltern
path	Weg, Pfad
piece	Stück

pieces of jewelry	Schmuckstücke
pile	Stapel
(to) play	spielen
pleased	gefallen
pocket	Tasche
(to) point	zeigen, deuten
(to) point up	nach oben zeigen
(to) progress	weitergehen, vorankommen
proud	stolz
(to) pull	ziehen
(to) put	legen, stellen, setzen

Q

quickly	schnell

R

rabbit	Kaninchen
(to) reach	erreichen, greifen
real	wirklich, eigentlich
really	wirklich
(to) recognize	erkennen
red	rot
(to) be relieved	erleichtert sein
(to) remain	bleiben
(to) remove	(weg)nehmen, entfernen
(to) respond	antworten
right	richtig
right away	sofort, gleich
(to) rummage	wühlen, durchwühlen
(to) run away	weglaufen
(to) run	laufen, rennen
(to) run along	entlang fahren

S

same	gleich
same way	genau so, in der gleichen Weise
(to) say	sagen

(to) say good bye	sich verabschieden
scare	erschrecken
school	Schule
(to) scream	schreien
(to) search	durchstöbern, durchsuchen
secret	Geheimnis
shed	Gartenhäuschen, Schuppen
(to) shout	rufen
(to) show	zeigen
sign	Spur, Anzeichen
sister	Schwester
(to) sleep	schlafen
slow	langsam
snap	Knacken
somebody	jemand
something	(irgend)etwas
something else	etwas anderes
somewhere	irgendwo
soon	bald, schnell
(to) sound	klingen, anhören
spade	Spaten
(to) spend	verbringen
spot	Stelle
(to) stand	stehen
(to) stare	starren, große Augen machen
(to) start	beginnen
(to) step	steigen, treten
strange	merkwürdig(e), komisch(e)
(to) study	genau lesen
(to) stuff	stopfen, vollstopfen
sturdy	fest, kräftig, robust
suddenly	plötzlich
Sunday	Sonntag
sure	sicher, überzeugt
(to) surprise	überraschen

T

tall	groß(e, er, es)
(to) tell	erzählen
than	als
that's (that is)	das ist
that's crazy!	Wahnsinn!, Das ist verrückt!
that's where	dort
the	der, die, das
their	ihr(e)
then	dann
there	da
they	sie (Plural)
(to) think	denken
this	dies
three	drei
through	durch
tidy up	aufräumen, in Ordnung bringen
to	zu(m, r), dass
together	zusammen, gleichzeitig
tomorrow	morgen
too	zu, allzu
trap door	Klappe
treasure	Schatz
treasure map	Schatzkarte
tree	Baum
triumphantly	triumphierend
trunk	Baumstamm
(to) turn around	umdrehen
(to) turn off	abbiegen

U

under	unter
undergrowth	Unterholz
(to) understand	einsehen, verstehen
(to) use	benutzen, gebrauchen
useful	brauchbar, nützlich

V

very	sehr, ganz

W

(to) wait	warten, abwarten
(to) wake up	aufwachen
warm	warm, herzlich
we	wir
(to) wear	tragen (von Kleidung, Schmuck)
weekend	Wochenende
(to) welcome	willkommen heißen
what	was
when	wenn, als
which	der, die, das; welche(r, s)
while	Weile, Zeit(spanne)
who	wer
where	wo
will	wirst, werden (to be = sein)
(to) wink	zwinkern
with	mit
with ease	geschickt, mit Leichtigkeit
(to) wonder	überlegen, sich fragen
wood	Holz
wooden box	Holzkiste
worse	schlimmer, schlechter

Y

yes	ja
your	dein(e), euer, eure

CHRISTINE JÜNGLING

wurde 1963 in Frankfurt am Main geboren. Nach ihrer Ausbildung zur Fremdsprachenkorrespondentin lebte sie schon in einigen europäischen Hauptstädten. Seit einigen Jahren schreibt sie Kindererzählungen.

ANSGAR LORENZ

geb. 1979 in Hannover, lebt, studiert und arbeitet in Münster. Nachdem er 2001 sein Grafik Design Studium an der HGB Leipzig aufgenommen hatte, studiert er nun seit 2003 selbiges an der FH Münster.

Ein weiteres Erstlesebuch von Albarello:

FRAU ULKIG
oder Wie man Hausaufgaben
richtig macht

Annette Neubauer (Text)
Mirella Fortunato (Illustration)
ab Einschulungsalter,
64 Seiten, mit vielen farbigen
Illustrationen, auch ganzseitigen!
17,3 x 24,5 cm,
Originalausgabe
Neue Rechtschreibung
ISBN: 978-3-86559-006-0

Leon soll seine Hausaufgaben machen, aber wieder einmal klappt das nicht so richtig. Er hat so viele interessante Dinge auf seinem Schreibtisch, dass er sich gar nicht richtig konzentrieren kann. Da landet plötzlich Frau Ulkig in ihrer fliegenden Zaubertasche auf seinem Schreibtisch. Sie ist gekommen, um Leon zu helfen. Und Frau Ulkig hat jede Menge tolle Tipps, wie man ganz leicht und ohne Stress mit den Hausaufgaben fertig wird!

Auch Lernen will gelernt sein!
Schon in der Grundschule ist es wichtig, sich eine Lernstruktur anzueignen! Strukturen, die im Grundschulalter erlernt werden, prägen sich fest ein und helfen im späteren Schulalltag ungemein.

Originalausgabe

Englische Bearbeitung: Kathy Freeman
Neue Rechtschreibung
ISBN 978-3-86559-044-2

www.albarello.de